3 Mai 1904

V

VENTE

DES

Mardi 3 et Mercredi 4 Mai 1904

HOTEL DROUOT, SALLE N° 1

A DEUX HEURES 1/4

MEUBLES ANCIENS

& de Style

BRONZES D'ART & D'AMEUBLEMENT

d'Époque & Style XVIIIe siècle & 1er Empire

SCULPTURES, TABLEAUX ANCIENS, PORCELAINES

Tapisseries, Tapis d'Orient

Me **LAIR DUBREUIL**, Commissaire-Priseur

M. **Arthur BLOCHE**, Expert près la Cour d'Appel

C. CHAUFOUR

8-10, RUE MILTON, 8-10

PARIS

CATALOGUE

DES

MEUBLES ANCIENS

ET DE STYLE

XVIIIe Siècle et Ier Empire

Beau bureau Bibliothèque en bois de violette d'époque Louis XV
Chaise à porteurs, Bureaux à cylindre
Commodes, Consoles, Vitrines, Poudreuses, Glaces
Sièges divers

BRONZES D'ART ET D'AMEUBLEMENT

Pendules, Candélabres, Appliques, Groupes
Statuettes, Cassolettes, Vases, Jardinières, Flambeaux, etc.

d'Epoque & Style Louis XV, Louis XVI & 1er Empire

MARBRES, TERRES CUITES, BOIS SCULPTÉS

Porcelaines, Laques, Objets divers

TABLEAUX ANCIENS

AQUARELLES — GOUACHES — DESSINS

Tapisseries Anciennes

Tentures, Tapis d'Orient

DONT LA VENTE AURA LIEU

HOTEL DROUOT — SALLE N° 1

Les Mardi 3 et Mercredi 4 Mai 1904, à 2 heures 1/4.

Me F. LAIR-DUBREUIL	M. Arthur BLOCHE
COMMISSAIRE-PRISEUR	EXPERT PRÈS LA COUR D'APPEL
6, Rue de Hanovre, 6	*51, Rue Saint-Georges, 51*

Chez lesquels se distribue le présent catalogue

EXPOSITION PUBLIQUE

Le Lundi 2 Mai 1904, de 2 heures à 6 heures

CONDITIONS DE LA VENTE

La vente sera faite au comptant.

Les acquéreurs paieront *dix pour cent* en sus des prix d'adjudication.

L'Exposition mettant le public à même de se rendre compte de l'état des objets, aucune réclamation ne sera admise une fois l'adjudication prononcée.

Paris. — Imp. C. Chaufour, 8-10, rue Milton.

DÉSIGNATION

MEUBLES ANCIENS

ET DE STYLE

1 — Grand bureau bibliothèque d'époque Louis XV en bois de violette. La partie inférieure est garnie de quatre tiroirs, la partie médiane forme bureau à abattant modèle à dos d'âne; le haut ouvrant à deux vantaux grillagés est garni à l'intérieur de casiers et de tiroirs. Encadrements, ornements et fronton en bronze ciseléet doré.

2 — Chaise à porteurs en bois sculpté et doré, décorée sur les quatre faces d'armoiries et de figures allégoriques peintes en camaïeu bleu dans des encadrements à rocailles; Epoque Louis XV intérieur en ancien velours bleu ciselé ton sur ton.

3 — Beau bureau à cylindre en acajou d'époque Ier Empire. La partie supérieure, dont le milieu forme cabinet, ouvre à deux portes laissant apercevoir une galerie toute en marqueterie à fond de glaces et ornée de colonnettes en marbre blanc. Les parties latérales, décorées de médaillons à figures allégoriques, placées entre des colonnettes de marbre blanc, sont garnies à l'intérieur de casiers et de tiroirs. Riche ornementation en bronze doré à figures, mascarons, cygnes et palmes.

4 — Commode Louis XIV en bois de violette et filets de bois de rose, décor par réserves en marqueterie de bois et de cuivre sur fond d'écaille, poignées et entrées de serrures en bronze ciselé.

5 — Commode Louis XVI en acajou, garnie de trois tiroirs ; Encadrements de bronze à perlés, montants cannelés à pointes d'asperges, dessus en marbre.

6 — Bibliothèque d'époque Louis XIV en marqueterie de bois, ornements de bronze doré.

7 — Grand bureau à dos d'âne d'époque Louis XV en marqueterie de bois. Sabots chûtes et entrées de serrures en bronze.

8 — Table de tric trac Louis XVI en acajou à encadrements et ornements de bronze doré.

9 — Vitrine de forme cintrée en bois satiné et marqueterie de bois, dessin à médaillons et vases posés sur des colonnes. Style Directoire.

10 — Commode Louis XVI forme demi lune en acajou ouvrant à deux vantaux et garni de trois tiroirs, ornements de bronze doré.

11 — Table d'accouchée en bois de rose et de violette, ornée de bronzes dorés. Style Louis XV.

12 — Table à coiffer d'époque Louis XVI en bois de rose

13 — Commode en bois de violette et marqueterie de bois satiné de forme bombée ouvrant à un vantail et garnie à l'intérieur de tiroirs à l'anglaise. Encadrements, chûtes et moulures en bronze doré. Style Louis XV.

14 — Vitrine Louis XVI en bois de rose et amarante ouvrant à deux portes vitrées et deux vantaux pleins, avec tiroir dans le haut. Dessus en marbre.

15 — Meuble à hauteur d'appui en ébène, panneaux en laque de Chine; chûtes, rinceaux et ornements en bronze doré, dessus en marbre brocatelle. Style Louis XVI. Travail de Beurdeley.

16 — Bibliothèque basse en acajou, ouvrant à deux portes grillagées, encadrements de bronze doré, dessus en marbre.

17 — Chiffonnier-secrétaire Louis XVI en bois de rose et amaranthe, ornements en bronze doré, dessus de marbre.

18 — Petit bureau à quatre faces en bois de violette et bois de rose, marqueterie à losanges, ornements en bronze doré. Style Louis XV.

19 — Meuble à deux corps en bois noir sculpté, le bas ouvrant à deux portes et garni de colonnettes décorées de bronzes ciselés; la partie supérieure forme vitrine à un vantail à glace dans un encadrement de bronze ciselé à jour. Travail de Lièvre.

20 — Console en bois sculpté et doré, bandeau décoré d'un mascaron à tête de femme, de rinceaux et de guirlandes de fleurs, sur quatre pieds balustres ornés de dépouilles de lions et reliés par une entrejambe à brûle-parfums et feuillage, style Louis XIV, dessus en marbre de couleur.

21 — Bureau en acajou garni de cinq tiroirs, chutes, guirlandes de feuillage, encadrements et ornements en bronze doré.

22 — Commode Louis XVI en acajou, à sept tiroirs, montants cannelés, poignées et entrées de serrures en bronze doré, dessus de marbre blanc.

23 — Console en acajou d'époque Louis XVI, à tablette d'entrejambe, encadrements de bronze doré, dessus en marbre brocatelle à galerie de cuivre.

24 — Petit bureau à dos d'âne en marqueterie de bois. Style Louis XV.

25 — Bureau plat en acajou Louis XVI, garni de quatre tiroirs, pieds cannelés, ornements en bronze doré.

26 — Bureau Louis XVI à cylindre, en acajou, garni de nombreux tiroirs, ornements et encadrements de bronze doré, dessus en marbre à galerie de cuivre.

27 — Grand bahut en palissandre sculpté, ouvrant à deux vantaux, montants surmontés de chapiteaux, fronton à tête de chérubin. XVIIe siècle.

28 — Encoignure d'époque Louis XIV en marqueterie de bois, dessin à quadrillé, ornements de bronze doré, dessus en marbre.

29 — Meuble d'entre-deux en ébène et marqueterie de cuivre, ornements en bronze doré, style Louis XIV, dessus de marbre vert de mer.

30 — Console en bois sculpté et doré, bandeau à coquille et guirlandes de feuillages, sur quatre pieds cambrés, dessus en marbre brèche. Epoque Louis XV.

31 — Bureau plat Louis XVI en acajou, garni de trois tiroirs, pieds cannelés, ornements et encadrements en bronze doré.

32 — Commode Louis XVI en marqueterie bois à fleurs, garnie de deux tiroirs, dessus de marbre, pieds cambrés.

33 — Petit guéridon forme ronde en marqueterie de bois rose et amaranthe, dessus à damier sur quatre pieds carrés et tablette d'entrejambe style Louis XVI.

34 — Table à quatre faces en acajou Ier Empire, ornée de têtes de Mercure en bronze.

35 — Grande glace Louis XIV en bois sculpté et doré; fronton à mascaron, rinceaux et guirlandes de fleurs.

36 — Commode Louis XV en bois de rose et palissandre ornée de bronzes, dessus en marbre.

37 — Bureau cylindre en acajou à moulure de cuivre, le haut formant bibliothèque ouvrant à deux portes à glaces et garni de trois tiroirs. Epoque Louis XVI.

38 — Console à étagère en acajou moucheté décorée au vernis de sujets à jeux d'enfants en grisaille. Style Louis XVI.

39 — Console Régence en bois sculpté et doré sur quatre pieds contournés reliés par une entrejambe à corbeille de fleurs. Dessus en marbre fleur de pêcher.

40 — Table de nuit ovale en acajou, porte à coulisse, dessus de marbre blanc à galerie de cuivre. Style Louis XVI.

41 — Paravent à cinq feuilles à double face, garnies d'un côté en soie crème brodée à festons et bouquets de fleurs et de l'autre en ancienne soie fond rouge à festons, quadrillés et branches de fleurs; monture en bois laqué.

42 — Thermomètre-baromètre en bois de violette, orné de bronzes dorés. Style Louis XV.

43 — Deux marquises et deux chaises en bois doré de style Louis XV, garnis en soie brochée à fleurs.

44 — Petit guéridon en acajou Ier Empire sur trois pieds à têtes d'aigles peints en vert avec tablette d'entre-jambe et dessus de marbre.

45 — Etagère d'angle en marqueterie de bois à fleurs, et moulures en bronze.

46 — Table rectangulaire à étagères, garnie de plaques en porcelaine du Japon, ornements à draperies et rinceaux en bronze doré. Style Louis XVI.

47 — Paravent en bois sculpté et laqué blanc à trois feuilles garnies de soie brochee, le haut à petites glaces. Style Louis XVI.

48 — Ecran Ier Empire en acajou à têtes et pieds sculptés et dorés, feuille en soie brochée.

49 — Bureau Louis XIV à quatre faces en bois noir, ornements en bronze ciselé.

50 — Guéridon en acajou sur trois pieds à colonnes reliés par une entrejambe, ornements en bronze doré, dessus de marbre noir. Ier Empire.

51 — Table console Ier Empire en acajou, pieds à colonnettes et fond de glace.

52 — Table à ouvrage forme ronde sur trois pieds, Ier Empire, poche en soie rouge, ornements en bronze doré.

53 — Meuble de salon en acajou de Jacob, composé de deux bergères, six fauteuils et six chaises à dossiers cintrés, accotoirs à têtes de lions, garnis en brocatelle fond rouge. Ier Empire.

54 — Deux fauteuils en bois sculpté d'époque Louis XIV, garnis en ancienne soie brochée fond gris.

55 — Deux grands fauteuils en bois sculpté et doré, garnis en velours de Gênes rouge ciselé sur fond havane.

56 — Fauteuil de bureau en acajou Ier Empire à têtes de lions sculptées et dorées, garni en damas rouge à dessins jaunes.

57 — Banquette de vestibule à pieds tournés. Louis XIII.

58 — Fauteuil en noyer sculpté rehaussé de dorure, garni en velours ciselé à fleurs sur fond vert à raies rouges. Style Louis XVI.

59 — Fauteuil en acajou Ier Empire, accotoirs à figures de sphinx ailés en bois sculpté et doré, ornements en bronze ciselé et garniture en damas vert à semis d'abeilles et dessin jaune.

60 — Deux fauteuils en acajou Ier Empire, parties sculptées et dorées à cols de cygnes, ornements en bronze ciselé, garnis en damas fond vert à semis d'abeilles et dessins jaunes.

61 — Grand canapé à oreilles, bois Louis XIV, garni en tapisserie d'Aubusson à fleurs et oiseaux sur fond gris, contrefond bleu.

62 — Deux escabeaux en bois sculpté à cariatides ailées.

63 — Deux fauteuils en acajou et velours rouge commencement du XIXe siècle.

64 — Quatre chaises bois laqué blanc et doré d'époque Louis XVI, couvertes en velours de soie bouton d'or.

BRONZES

65 — Petite fontaine formée d'un vase en porcelaine de Chine bleue, déversoir à mascaron de bronze, posé sur une branche ornée de fleurs en porcelaine ; terrassement de style Louis XV en bronze doré, sur lequel deux cygnes en porcelaine de Saxe.

66 — Garniture de cheminée en marbre jaune de Sienne et bronze ciselé composée de : Une pendule à figure de guerrier brisant ses chaînes, deux candélabres à tiges triangulaires supportant six lumières sur pieds ornementés et deux vases forme Médicis à décor de feuillage, anses à mascarons. Commencement du XIXe siècle.

67 — Petite pendule en bronze doré de style L. XVI l'Enfant au tambour, socle en marbre rouge cannelé à tors de lauriers.

68 — Paire de petits candélabres à deux lumières à figures d'enfants supportant des bouquets de roses. Style Louis XVI, socles en marbre rouge.

69 — Deux statuettes de Vénus en bronze, d'après FALCONNET, socles en marbre griotte.

70 — Pendule en bronze doré, cadran surmonté d'une figure de la Vérité et d'un chien symbolisant la Fidélité ; socle en bronze doré posant sur quatre pieds à griffes. Epoque Ier Empire.

71 — Paire de candélabres en bronze doré à figures d'amours supportant des bouquets à trois lumières. Epoque Ier Empire.

72 — Pendule en bronze : Bacchante couchée d'après CLODION, sur terrassement en marbre blanc à ornements de bronzes dorés. Style Louis XVI.

73 — Paire de cassolettes en marbre blanc supportées par des trépieds en bronze doré à têtes de béliers et guirlandes de fleurs. Style Louis XVI.

74 — Deux statuettes de Faune et Bacchante, en bronze, d'après CLODION ; socles en marbre blanc à perlé et tors de lauriers.

75 — Groupe en bronze : La Jeunesse de Bacchus, socle en marbre griotte.

76 — Pendule en marbre rouge et bronze doré : l'amour désarmé; cadran de Leroy couronné par un trophée. Socle orné d'une frise en bronze doré. Style Louis XVI.

77 — Paire de grands candélabres à figures d'enfants en bronze soutenant des bouquets de lys et de pavots à cinq lumières; socles en marbre blanc. Style Louis XVI.

78 — Pendule borne en marbre vert de mer à figures de l'Amour et Psyché en bronze doré. Epoque Ier Empire.

79 — Paire de candélabres en bronze doré formés par des statuettes de femmes engaînées supportant trois lumières; socles cylindriques en marbre vert de mer ornés de bronzes ciselés et dorés. Style Ier Empire.

80 — Paire de girandoles à quatre lumières en bronze argenté, fuseaux cannelés dessin à perlé. Epoque Louis XVI.

81 — Paire de vases de forme ovoïde en albâtre oriental, ornés de bronzes dorés à têtes de béliers et guirlandes de fleurs. Style Louis XVI.

82 — Garniture de cheminée en bronze et bronze doré de la maison Denière composée de : Une pendule en bronze doré surmontée d'un groupe de bacchantes en bronze et de deux candélabres à huit lumières à figures de petits faunes.

83 — Paire de candélabres formés par des vases en marbre blanc à cannelures tournantes, culots feuillagés, surmontés de bouquets de fleurs à quatre lumières en bronze. Style Louis XVI.

84 — Paire de girandoles à dix lumières en bronze doré garnies de plaquettes de cristal. Style L. XIV.

85 — Petit cartel Louis XVI en bronze ciselé et doré, surmonté d'un vase entouré d'une guirlande de feuillage.

86 — Groupe en bronze « La Jeunesse » par CHAPU. Edition de BARBEDIENNE.

87 — Paire de jardinières carrées formées de plaques en onyx, montures à cariatides de femmes en bronze doré, pieds feuillagés. Style L. XVI.

88 — Deux statuettes de petits faunes en bronze.

89 — Statuette de Pénélope en bronze sur socle en marbre vert.

90 — Paire de candélabres formés de vases en marbre griotte, anses à têtes de satyres reliées par des guirlandes de fleurs, surmontés de bouquets à quatre lumières, modèle à rinceaux en bronze doré. Style Louis XVI.

91 — Petit cartel en bronze doré, style Louis XV sur chevalet en velours rouge.

92 — Petite pendule Louis XVI forme lyre en bronze doré, fronton à coquille, socle en marbre blanc.

93 — Paire de petits candélabres formés de vases posés sur des socles et desquels s'échappent des branches d'œillets formant lumière. Epoque Ier Empire.

94 — Paire de flambeaux cassolettes en marbre fleur de pêcher, monture forme trépieds à guirlandes de perles, socles en marbre. Style L. XVI.

95 — Deux pièces de surtout de table en cristal, ornées chacune de quatre grappes de raisins renfermant une ampoule électrique, monture en bronze doré, surmontée d'une flamme en cristal.

96 — Paire de candélabres formés de vases ovoïdes en marbre brèche vert, anses à têtes de béliers et bouquets de fleurs de lys à cinq lumières en bronze doré. Style Louis XVI.

97 — Paire d'appliques à trois lumières en bronze et cristaux, surmontées de vases fleuris. Style Louis XVI.

98 — Glace à chevalet, cadre en bronze argenté, modèle à rocailles, garni de quatre lumières Style Louis XV.

99 — Coupe en bronze ciselé et argenté offrant en relief La Toilette de Vénus. Cadre en bois noir à écoinçons ciselés.

100 — Jardinière carrée en bronze ciselé et doré, modèle à guirlandes de fleurs et carquois, intérieur garni de plaques en cuivre émaillé bleu.

101 — Buste de femme en bronze figurant l'Hiver, de A. ROLLÉ.

102 — Groupe de deux Amours en bronze sur socles en marbre onyx à perlé de cuivre.

103 — Petite statuette de Béranger en bronze doré sur socle en marbre griotte.

104 — Petit buste du Dante en bronze, socle en marbre jaune de Sienne.

105 — Petit buste de Henri IV sur socle cylindrique en bronze.

106 — Statuette en bronze : Vénus assise de MATHURIN MOREAU.

107 — Paire de candélabres en bronze et bronze doré, à figures d'amours posés sur des fûts de colonnes cannelées et tenant une couronne supportant quatre lumières. Epoque Ier Empire.

108 — Statuette de Voltaire en bronze d'après CARMONTEL.

109 — Petit œil de bœuf en bronze doré. Epoque fin Louis XVI.

110 — Petit cartel de forme octogonale en bronze doré Empire.

111 — Petit cartel en bronze doré de style Louis XV fond en laque de Chine sur chevalet en velours rouge.

112 — Bénitier en bronze doré de style Louis XV.

113 — Petit bénitier en bronze doré de même style.

114 — Porte montre à rinceaux feuillagés en bronze Style Louis XVI.

115 — Petite horloge d'applique en bronze doré de style gothique.

116 — Paire de petits flambeaux en bronze argenté. Style Louis XV.

117 — Flambeau liseuse à deux lumières en bronze, style grec.

118 — Flambeau liseuse à deux lumières en bronze doré. Style Louis XIV.

119 — Paire de flambeaux Louis XVI, en bronze argenté, à cannelures et perlé.

120 — Paire de petits flambeaux en marbre blanc et bronze doré, forme trépieds à consoles. Style Louis XVI.

121 — Paire de bouts de table à deux lumières en bronze doré de style Louis XVI, modèle à colonnes cannelées.

122 — Paire de flambeaux Louis XIII, en cuivre.

123 — Paire de flambeaux, colonnettes en marbre enguirlandées de feuillage et ornés de figures d'enfants en bronze doré. Style Louis XVI.

124 — Paire de flambeaux en bronze à décor de feuillage. Ier Empire.

125 — Flambeau liseuse à deux lumières en bronze argenté, abat-jour en métal.

126 — Cartel en bronze à guirlandes de fleurs et mascaron, surmonté d'un vase enguirlandé. Style Louis XVI.

127 — Petit vide-poche formé d'un caniche en bronze tenant une sébille, socte en marbre jaune de Sienne.

128 — Deux porte-bouquets de forme ovoïde en marbre rose, monture trépieds à têtes de faunes en bronze doré. Style Louis XVI.

129 — Petite pendule en bronze doré, cadran surmonté d'un couple de colombes et accosté de deux figures d'amours allégoriques. Style L. XVI.

130 — Groupe de cinq amours : Vendangeurs et moissonneurs en bronze.

131 — Vase en bronze anses formées par des cygnes socle orné de couronnes. Epoque Empire.

132 — Paire d'appliques à quatre lumières en bronze doré. Style Régence, à têtes d'enfants souffleurs.

133 — Paire de bouts de table à deux lumières en bronze doré de style Louis XV.

134 — Bougeoir en bronze doré de style Louis XV.

135 — Bougeoir en bronze doré de style Louis XIV.

136 — Presse papiers Empire à couronne de fleurs en bronze sur socle en marbre vert.

137 — Encrier en bronze argenté à figures d'animaux en relief.

138 — Presse papiers à figure de biche en bronze chinois sur socle en porphyre.

139 — Presse papiers forme lampe antique en bronze doré sur socle en marbre vert de mer.

140 — Paire d'appliques en bronze doré à trois lumières formées de rinceaux à têtes d'aigles. Style Louis XVI.

141 — Deux petits bustes de femmes : l'Eté et l'Automne en bronze, socles en marbre.

142 — Paire de flambeaux d'époque Louis XVI en cuivre, modèle à feuilles d'eau.

143 — Paire de flambeaux en bronze argenté à cannelures et perlé. Epoque Louis XVI.

144 — Paire de flambeaux en bronze argenté d'époque Louis XV.

145 — Paire de flambeaux Ier Empire en cuivre, sur pieds à griffes de lions.

146 — Paire de flambeaux en bronze argenté. Commencement du XIXe siècle.

147 — Paire de flambeaux d'époque Louis XVI en bronze poli, dessin à perlé.

148 — Vase en bronze, modèle antique à décor en relief ; surmonté d'un bouquet de roseaux à cinq lumières électriques.

149 — Paire de girandoles à six lumières en bronze doré garnies de cristaux. Style Louis XIV.

150 — Cartel en bronze doré de style Louis XV modèle à rinceaux et fleurs, cadran de Gudin à Paris.

151 — Paire d'appliques en bronze doré à trois lumières de style Régence à figures de perroquets perchés.

152 — Paire d'appliques à trois lumières en bronze; modèle à rinceaux et têtes de femmes. Style Louis XVI.

153 — Paire de chenêts à figures de Chinois en bronze posées sur des volutes. Style Louis XV.

154 — Paire de chenêts en bronze à rocailles. Style Louis XV.

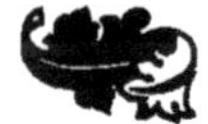

SCULPTURES

MARBRES, TERRES CUITES, BOIS SCULPTÉS

155 — Buste de femme Louis XV : Mademoiselle de Beaumont, marbre blanc.

156 — Buste de femme Louis XV : Princesse de Conti, marbre blanc.

157 — Buste de Diane, en marbre blanc, d'après HOUDON.

158 — Paire de vases en marbre cipolin et bronze doré à gorge ajourée, anses à têtes de bacchantes ; socles en marbre. Style Louis XVI.

159 — Paire de colonnes en marbre griotte, chapiteaux en bronze doré ; bases et plateaux en marbre vert de mer.

160 — Grande coupe ovale en albâtre à godrons ; anses et socle en bronze doré.

161 — Deux bustes d'hommes en terre cuite. Epoque Louis XIV, sur socles en marbre.

162 — Deux statuettes en terre cuite : Faunes aux oiseaux, d'après Clodion, socles en marbre blanc à perlé de cuivre.

163 — Buste en terre cuite de Louis XVII, d'après Houdon.

164 — Statuette de buveur en terre cuite xviiie siècle, signée P. Xaveri et datée 1673.

165 — Petit buste de Mademoiselle Récamier en terre cuite patinée, piédouche en marbre fleur-de-pêcher.

166 — Petit buste de femme en terre cuite sur socle en marbre rose.

167 — Groupe en terre cuite patinée : Faune et Bacchante, d'après Clodion.

168 — Statuette en terre cuite : Fille de ferme.

169 — Buste de Marie Feodorowera en terre cuite ; piédouche en marbre.

170 — Buste de bacchante en terre cuite signé Colas ; socle en marbre noir.

171 — Groupe en terre cuite : Faune et Bacchante.

172 — Groupe en terre cuite : les Amours à l'arc.
Signé G. P.

173 — Cadre en bois sculpté et doré d'aspect architectural à colonnes cannelées surmontées de chapiteaux XVIIe siècle.

174 — Grand panneau en bois sculpté et peint : la Résurrection, travail allemand du XVIIe siècle.

175 — Statuette en bois sculpté peint et doré.

176 — Groupe en bois sculpté à figure de religieux soutenant une femme éplorée.

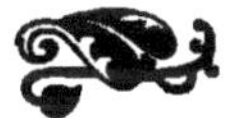

TABLEAUX ANCIENS

AQUARELLES, GOUACHES, DESSINS

ASCH (PIERRE JEAN VAN)

177 — Paysage boisé avec figure de berger et animaux à l'abreuvoir.

CLOUET (Ecole des)

178 — Portrait de Charles IX.

ÉCOLE FLAMANDE

179 — Intérieur d'atelier d'artiste.

180 — La Vierge et l'Enfant-Jésus.

ÈCOLE FRANÇAISE

181 — Portrait de femme tenant un livre de la main gauche et des roseaux dans la main droite.

En haut se lit l'inscription : SIB HELLESPONTICA VII.

182 — Saint recevant la Communion.

183 — Portrait de femme vêtue d'une robe bleue avec bouquet de fleurs au corsage.

ECOLE FRANÇAISE

184 — Portrait de Louis XIV, forme ovale.

Cadre doré.

185 — Portrait de femme en corsage gris recouvert d'un manteau rouge.

Cadre en bois sculpté et doré d'époque Louis XIII.

186 — Louis XIV et Mlle de Lavallière.

Gouache.
Cadre ancien bois sculpté et doré.

187 — Vue d'Italie.

Gouache.
Cadre sculpté et doré. Epoque Louis XIV.

188 — Le Moulin, près Fernet.

Gouache.
Cadre ancien doré.

189 — Scène de la vie du Christ.

Gouache.
Cadre Louis XIII sculpté et doré.

190 — Paysage montagneux avec rivière et bateliers.

Gouache.
Cadre ancien sculpté et doré.

191 — Paysage avec cours d'eau.

Gouache.
Cadre ancien sculpté et doré.

ECOLE FRANÇAISE

192 — Suzanne et les vieillards.

Gouache.
Cadre ancien sculpté et doré.

193 — Portrait du duc d'Angoulême.

Gravure en couleur.
Cadre doré.

ECOLE ITALIENNE

194 — La mise au tombeau.

Dessin.

HEROULT

195 — Paysage, marine avec figures et animaux.

Aquarelles. Deux pendants.

POELEMBOURG

196 — Diane surprise par un faune.

TIÉPOLO (Attribué à)

197 — Le Baptême du Christ.

Cadre sculpté et doré.

VERNET (D'après CARLE)

198 — Le Retour des champs.

Pièce en couleur par DEBUCOURT.

PORCELAINES, FAIENCES

OBJETS DIVERS

199 — Paire de potiches en porcelaine de Chine laquée à décor de fleurs en relief, socles en bronze doré de style Louis XV.

200 — Paire de potiches à couvercles en porcelaine de Chine, décor à fleurs et oiseaux avec réserves à figures de cavaliers et scènes d'intérieur, sur socles trépieds en chêne sculpté.

201 — Deux coupes vide-poche en porcelaine de Saxe décor à fleurs, sur trépieds en bronze doré, socles en marbre vert de mer.

202 — Groupe en porcelaine de Saxe : Le galant berger.

203 — Six statuettes en porcelaine de Saxe.

204 — Grande jardinière en porcelaine gros bleu ; monture en bronze doré. Style Louis XV.

205 — Corbeille ovale en faïence à décor de Rouen en polychrome.

206 — Brûle-parfums en spath-fluor, anses en bronze doré à têtes de satyres au milieu de Thyrstes, couvercle ajouré. Style Louis XVI.

207 — Vase en spath-fluor décoré de mascarons à têtes de Méduses, couvercle en bronze surmonté d'une pomme de pin. Style Louis XVI.

208 — Deux obélisques en spath-fluor violet, ornements à feuilles d'acanthe et têtes de Méduses en bronze doré.

209 — Vase en spath-fluor orné de têtes de béliers en bronze doré, contre-socle en marbre. Style Louis XVI.

210 — Plateau en ancien laque de Chine, décor à paysage sur fond noir.

211 — Petit thermomètre peint au vernis fond d'or, monture en bronze doré de style Louis XV, sur chevalet en velours rouge.

212 — Encrier à trois godets en bronze et bronze doré. Epoque Ier Empire.

213 — Encrier en laque orné d'une figure de singe accroupi en bronze du Japon, monture en bronze doré de style Louis XV.

214 — Fusil d'époque Louis XIV, monture en bois sculpté, canon damasquiné d'or, garnitures en argent.

215 — Reliure de livre en bois peint, décoré d'une figure de sainte martyre dans un encadrement ogival, bordure à bordure à rinceaux dorés, coins cloutés de cuivre; le volet postérieur est décoré d'armoiries et d'inscription et porte la date de 1450.

TAPISSERIES

TENTURES — TAPIS D'ORIENT

216 — Tapisserie du temps de la Renaissance représentant un roi recevant la bénédiction avant le départ pour la guerre, large bordure à fleurs-fruits, ornements et figures.

217 — Tapisserie de même époque, représentant le siège d'une ville, composition de nombreuses figures, large bordure à fleurs, fruits, ornements et figures.

218 — Tapisserie ancienne présentant dans un paysage, des groupes de personnages ; fond à vue de monuments, bordure à fleurs, feuillages et nœuds de rubans.

219 — Paire de rideaux en ancien damas rouge.

220 — Panneau en bordure au passé : Scène funèbre.

221 à 226 — Six carpettes d'Orient à dessins variés.

227 — Objets omis.

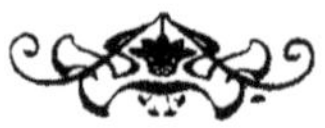

www.ingramcontent.com/pod-product-compliance
Ingram Content Group UK Ltd.
Pitfield, Milton Keynes, MK11 3LW, UK
UKHW022153170726
13837UKWH00004B/1961

9 782329 514574